FLIEGER

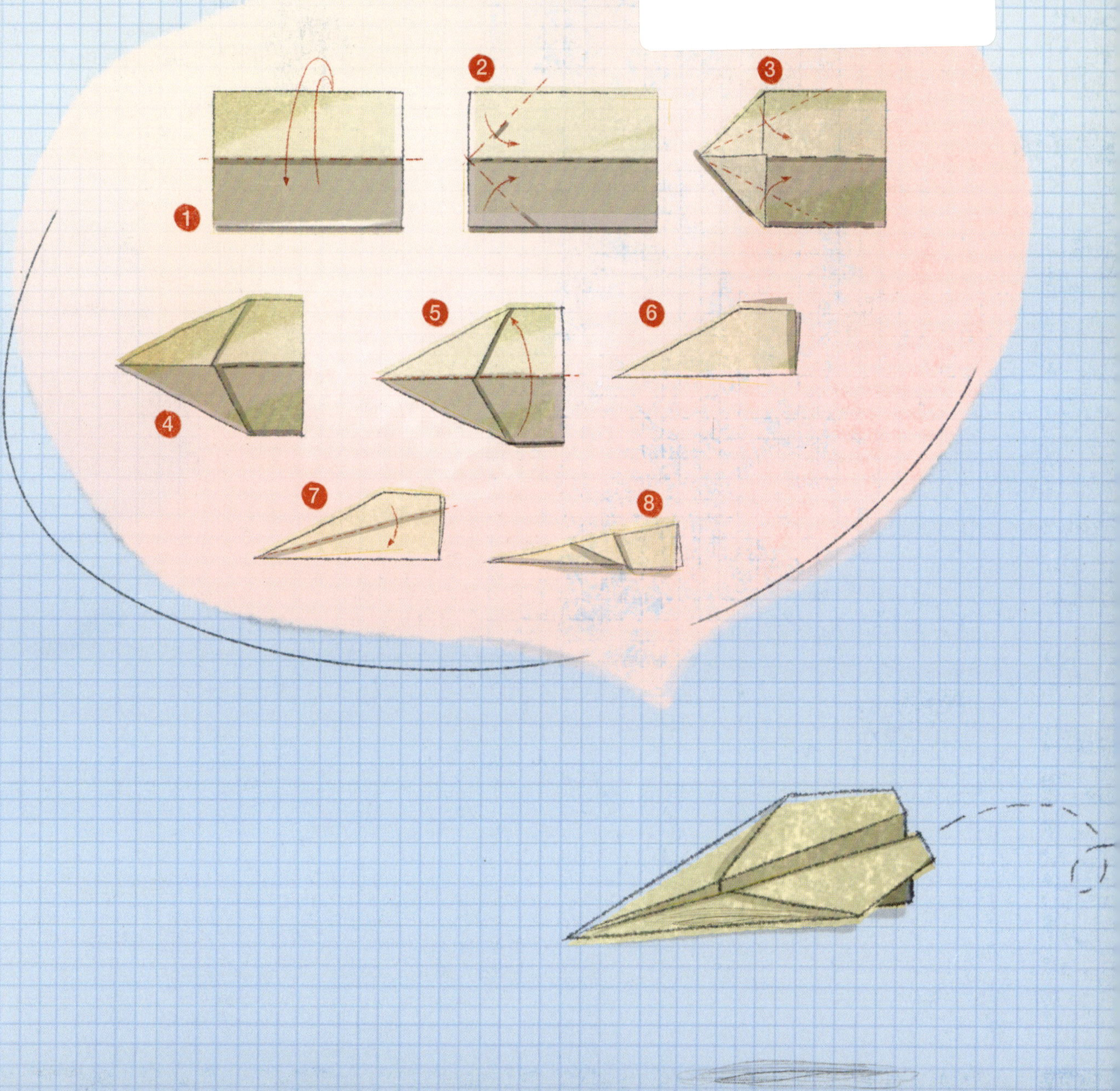

Text, Illustration und Layout: Lena Hesse
Übersetzung ins Englische: Dr. Kristy Clark Koth

3. Auflage 2019
Printed in Germany by aprinta druck, Wemding

www.edition-bilibri.de

Lena Hesse

Eine Kiste Nichts

A Box of Nothing

Deutsch – Englisch

„Alles Gute zum Geburtstag!“

“Happy birthday!”

„Klasse!“, freut sich Huhn,
„Eine Kiste!
Was mag wohl drin sein?“

“Cool!” Chicken exclaims.
“A box!
I wonder what’s in it!”

„Aber … Da ist ja gar nichts drin.
Du hast mir eine Kiste mit Nichts geschenkt?!“

“Hey, there’s nothing in it.
You gave me a box of nothing?!”

„Ja, aber …
Es ist doch total nützlich,
eine Kiste Nichts zu haben!

“Yeah…
But a box of nothing can be
totally useful!

Zum Beispiel
kannst du Dinge
hineintun.
Wertvolle Dinge!

You can
put stuff in it,
for example.
Valuable stuff!

Oder Dinge,
die du nicht sehen willst.

Je nachdem.

Or things
that you don’t want to see.

It depends.

Du kannst damit übers Meer fahren.

You can travel across the sea in it.

Und über Land.

Or on land.

Sie bietet Schutz,
wenn es regnet.

It gives you shelter
when it’s raining.

Und wenn die Sonne scheint.

And when the sun is shining.

Oder gegen Wind!
Eine Kiste mit etwas drin könnte das nicht.

Or from the wind!
A box with something in it couldn't do that.

Und wenn du ein Stück abreißt
– so –
kannst du dir daraus einen Hut machen.

And if you tear off a piece
– like this –
you can make a hat out of it.

Und aus dem anderen Stück eine Hose.

And you can make a pair of pants out of the other piece.

Und aus dem Rest ein Flugzeug.

Und aus dem Rest vom Rest einen Schirm,
mit dem du von deinem Flugzeug
abspringen kannst.

And out of the rest you can make an airplane.

And out of the rest of the rest a parachute
that you can use
to jump out of the plane.

Und dann kannst du auf einer einsamen Insel landen,
wo du aus Hut, Hose und Schirm wieder
eine Kiste mit Nichts baust,
um darin zu leben.
Die ist natürlich etwas kleiner als die alte,
weil ja das Stück Flugzeug fehlt."

And then you can land on a deserted island
where you can build a new box
out of the hat and the pants and the parachute
that you can live in.
The new box is a little smaller, of course, than the old one,
because the airplane bit is missing."

Huhn
+
HASE

„Wahnsinn", staunt Huhn,
„was man mit einer Kiste Nichts
alles anstellen kann!"

"Amazing," says Chicken,
"what you can do
with a box of nothing!"

für Huhn
FRAGILE

„Sag ich doch! Weißt du schon,
was du damit machen wirst?“
„Ich überlege noch“,
sagt Huhn.

Und denkt sich:
„Vielleicht benutze ich die Kiste,
um Hases Geburtstagsgeschenk
darin zu verpacken.“

“That’s what I mean! So, do you know
what you’re going to do with it?”
“I’m not sure yet,”
says Chicken.

And then she thinks:
“Maybe I’ll use the box
to wrap up
Rabbit’s birthday present.”

HUT

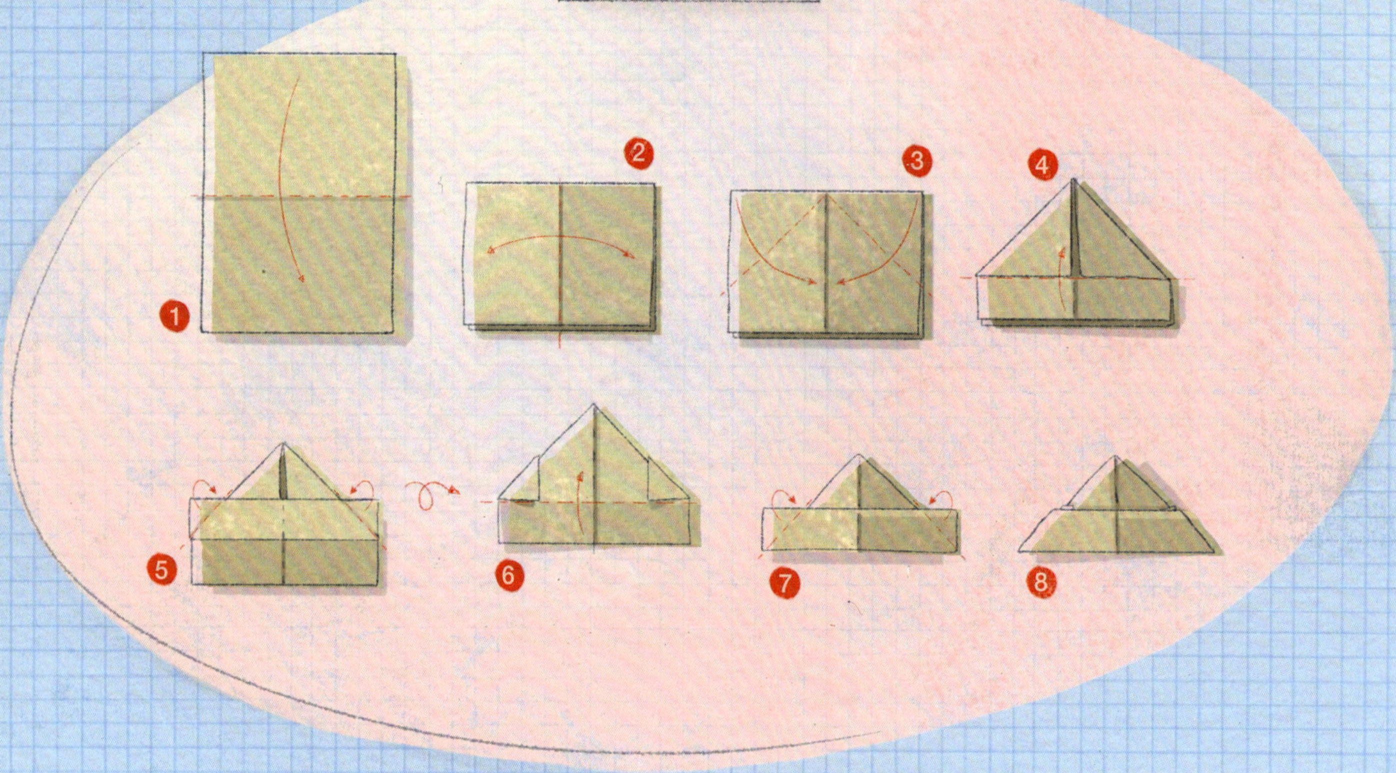

Impressum Hör-CD

Eine Kiste Nichts

Deutsche Fassung:	geschrieben von Lena Hesse, gelesen von Sebastian Prittwitz
Arabische Fassung:	übersetzt von Adil Achiq, gelesen von Rana
Englische Fassung:	übersetzt und gelesen von Kristy Clark Koth
Französische Fassung:	übersetzt von Dominique Kirmer, gelesen von Jean-Yves de Groote
Griechische Fassung:	übersetzt und gelesen von Vasiliki Skandali
Italienische Fassung:	übersetzt von Dr. Raffaella Merlini Zanghi, gelesen von Luca Canzonieri
Persische Fassung:	übersetzt von Mercede Salehpour, gelesen Sarvin Zakikhani
Russische Fassung:	übersetzt und gelesen von Evgeni Vishnevski
Spanische Fassung:	übersetzt von Dr. Olga Balboa Sánchez, gelesen von Carlos Aparicio
Türkische Fassung:	übersetzt von Gül Dilek Schlieker, gelesen von Nilüfer Bıyıklı
Gesamtlaufzeit:	36:16

Musik:	Lori Lorenzen
Mischung & Mastering:	Lori Lorenzen, Fluxx Tonstudio, München (www.fluxx-tonstudio.de)
Regie:	Dr. Kristy Koth, Edition bi:libri